MW00910541

# Essais I chapitre 30
# Des cannibales

Quand le Roi Pyrrhus passa en Italie, après qu'il eut reconnu l'ordonnance de l'armée que les Romains lui envoyaient au devant : « Je ne sais, dit-il, quels barbares sont ceux-ci (car les Grecs appelaient ainsi toutes les nations étrangères), mais la disposition de cette armée que je vois n'est aucunement barbare. » Autant en dirent les Grecs de celle que Flaminius fit passer en leur pays, et Philippus, voyant d'un tertre l'ordre et distribution du camp Romain en son royaume, sous Publius Sulpicius Galba. Voilà comment il se faut garder de s'attacher aux opinions vulgaires, et les faut juger par la voie de la raison, non par la voix commune.

J'ai eu longtemps avec moi un homme qui avait demeuré dix ou douze ans en cet autre monde qui a été découvert en notre siècle, en l'endroit où Villegagnon prit terre, qu'il surnomma la France Antarctique. Cette découverte d'un pays infini semble être de considération[1]. Je ne sais si je me puis répondre que il ne s'en fasse à l'avenir quelqu'autre, tant de personnages plus grands que nous ayant été trompés en cette-ci. J'ai peur que nous ayons les yeux plus grands que le ventre, et plus de curiosité que nous n'avons de capacité. Nous embrassons tout, mais nous n'étreignons que du vent. Platon introduit Solon racontant avoir appris des Prêtres de la ville de Saïs, en Égypte, que, jadis et avant le déluge, il y avait une grande Île, nommée Atlantide, droit à la bouche du détroit de Gibraltar, qui tenait plus de pays[2] que l'Afrique et l'Asie toutes deux ensemble, et

---

[1] D'importance
[2] D'espace

que les Rois de cette contrée-là, qui ne possédaient pas seulement cette île, mais s'étaient étendus dans la terre ferme si avant qu'ils tenaient de la largeur d'Afrique jusques en Égypte, et de la longueur de l'Europe jusques en la Toscane, entreprirent d'enjamber jusques sur l'Asie et subjuguer toutes les nations qui bordent la mer Méditerranée jusques au golfe de la mer Majour ; et, pour cet effet, traversèrent les Espagnes, la Gaule, l'Italie, jusques en la Grèce, où les Athéniens les soutinrent ; mais que, quelques temps après, et les Athéniens, et eux, et leur île furent engloutis par le déluge. Il est bien vraisemblable que cet extrême ravage d'eaux ait fait des changements étranges aux habitations de la terre, comme on tient que la mer a retranché la Sicile d'avec l'Italie. [...] Chypre [de même fut séparée] d'avec la Syrie, l'Île de Négrepont de la terre ferme de la Béotie, et [qu'elle a] joint ailleurs les terres qui étaient divisées, comblant de limon et de sable les fossés d'entre-deux. [...] Mais il n'y a pas grande apparence que cette Île soit ce monde nouveau que nous venons de découvrir ; car elle touchait quasi l'Espagne, et ce serait un effet incroyable d'inondation de l'en avoir reculée, comme elle est, de plus de douze cents lieues ; outre ce que les navigations des modernes ont déjà presque découvert, que ce n'est point une île, ains[1] terre ferme et continente[2] avec l'Inde orientale d'un côté, et avec les terres qui sont sous les deux pôles d'autre part ; ou, si elle en est séparée, que c'est d'un si petit détroit et intervalle qu'elle ne mérite pas d'être nommée île pour cela.

Il semble qu'il y ait des mouvements, naturels les uns, les autres fiévreux, en ces grands corps comme aux nôtres. Quand je

---

[1] Mais
[2] Contiguë

4

considère l'impression que ma rivière de Dordogne fait de mon temps vers la rive droite de sa descente, et qu'en vingt ans elle a tant gagné, et dérobé le fondement à plusieurs bâtiments, je vois bien que c'est une agitation extraordinaire ; car, si elle fut toujours allée ce train, ou dut aller à l'advenir, la figure du monde serait renversée. Mais il leur prend des changements : tantôt elles s'épandent d'un côté, tantôt d'un autre ; tantôt elles se contiennent. Je ne parle pas des soudaines inondations de quoi nous manions les causes. En Médoc, le long de la mer, mon frère, Sieur d'Arsac, voit une sienne terre ensevelie sous les sables que la mer vomit devant elle ; le faîte d'aucuns[1] bâtiments paraît encore ; ses rentes et domaines se sont échangés en pacages[2] bien maigres. Les habitants disent que, depuis quelque temps, la mer se pousse si fort vers eux qu'ils ont perdu quatre lieues de terre. Ces sables sont ses fourriers[3] ; et voyons des grandes montjoies d'arène[4] mouvante qui marchent d'une demi lieue devant elle, et gagnent pays.

L'autre témoignage de l'antiquité, auquel on veut rapporter cette découverte, est dans Aristote, au moins si ce petit livret *Des Merveilles inouïes* est à lui. Il raconte là que certains Carthaginois, s'étant jetés[5] au travers de la mer Atlantique, hors le détroit de Gibraltar, et [ayant] navigué longtemps, avaient découvert enfin une grande île fertile, toute revêtue de bois et arrosée de grandes et profondes rivières, fort éloignée de toutes terres fermes ; et qu'eux, et autres depuis, attirés par la bonté et fertilité du terroir, s'y en allèrent avec leurs femmes et enfants,

---

[1] Le sommet de quelques
[2] Pâtures
[3] Annonciateurs
[4] Amas de sable
[5] Lancés

et commencèrent à s'y habituer. Les Seigneurs de Carthage, voyant que leur pays se dépeuplait peu à peu, firent défense expresse, sur peine de mort, que nul n'eut plus à aller là, et en chassèrent ces nouveaux habitants, craignant, à ce que l'on dit, que par succession de temps ils ne vinssent à multiplier tellement qu'ils les supplantassent eux même et ruinassent leur état. Cette narration d'Aristote n'a non plus d'accord avec nos terres neuves.

Cet homme que j'avais, était homme simple et grossier, qui est une condition propre à rendre véritable témoignage ; car les fines gens remarquent bien plus curieusement et plus de choses, mais ils les glosent ; et, pour faire valoir leur interprétation et la persuader, ils ne se peuvent garder d'altérer un peu l'Histoire ; ils ne vous représentent jamais les choses pures, ils les inclinent et masquent selon le visage qu'ils leur ont vu ; et, pour donner crédit à leur jugement et vous y attirer, prêtent volontiers de ce côté-là à la matière, l'allongent et l'amplifient. Ou il faut un homme très fidèle, ou si simple qu'il n'ait pas de quoi bâtir et donner de la vraisemblance à des inventions fausses, et qui n'ait rien épousé[1]. Le mien était tel ; et, outre cela, il m'a fait voir à diverses fois plusieurs matelots et marchands qu'il avait connus en ce voyage. Ainsi je me contente de cette information, sans m'enquérir de ce que les cosmographes en disent. Il nous faudrait des topographes qui nous fissent narration particulière des endroits où ils ont été. Mais, pour avoir cet avantage sur nous d'avoir vu la Palestine, ils veulent jouir de ce privilège de nous conter nouvelles de tout le demeurant du monde. Je voudrais que chacun écrivit ce qu'il sait, et autant qu'il en sait, non en cela seulement, mais en tous autres sujets : car tel peut

---

[1] Inventé

avoir quelque particulière science ou expérience de la nature d'une rivière ou d'une fontaine, qui ne sait au reste que ce que chacun sait. Il entreprendra toutefois, pour faire courir ce petit lopin, d'écrire toute la physique. De ce vice sourdent[1] plusieurs grandes incommodités.

Or je trouve, pour revenir à mon propos, qu'il n'y a rien de barbare et de sauvage en cette nation, à ce qu'on m'en a rapporté, sinon que chacun appelle barbarie ce qui n'est pas de son usage ; comme de vrai, il semble que nous n'avons autre mire[2] de la vérité et de la raison que l'exemple et idée des opinions et usances du pays où nous sommes. Là est toujours la parfaite religion, la parfaite police[3], parfait et accompli usage de toutes choses. Ils sont sauvages, de même que nous appelons sauvages les fruits que nature, de soi et de son progrès ordinaire, a produits : là où, à la vérité, ce sont ceux que nous avons altérés par notre artifice et détournés de l'ordre commun, que nous devrions appeler plutôt sauvages. En ceux-là sont vives et vigoureuses les vraies et plus utiles et naturelles vertus et propriétés, lesquelles nous avons abâtardies en ceux-ci, et les avons seulement accommodées au plaisir de notre goût corrompu. Et si[4] pourtant, la saveur même et délicatesse se trouve à notre goût excellente, à l'envi[5] des nôtres, en divers fruits de ces contrées-là sans culture. Ce n'est pas raison que l'art gagne le point d'honneur sur notre grande et puissante mère nature. Nous avons tant rechargé la beauté et richesse de

---

[1] Jaillissent
[2] Vision
[3] Ordre politique
[4] Vraiment
[5] Au défi

ses ouvrages par nos inventions, que nous l'avons du tout[1] étouffée. Si est-ce que[2], par tout où sa pureté reluit, elle fait une merveilleuse honte à nos vaines et frivoles entreprises. [...]

Tous nos efforts ne peuvent seulement arriver à représenter le nid du moindre oiselet, sa contexture, sa beauté et l'utilité de son usage, non pas la tissure[3] de la chétive araignée. Toutes choses, dit Platon, sont produites par la nature, ou par la fortune, ou par l'art ; les plus grandes et les plus belles, par l'une ou l'autre des deux premières ; les moindres et imparfaites, par la dernière. Ces nations me semblent donc ainsi barbares, pour avoir reçu fort peu de façon de l'esprit humain, et être encore fort voisines de leur naïveté originelle. Les lois naturelles leur commandent encore, fort peu abâtardies par les nôtres ; mais c'est en telle pureté, qu'il me prend quelquefois déplaisir de quoi[4] la connaissance n'en soit venue plutôt du temps qu'il y avait des hommes qui en eussent su mieux juger que nous. Il me déplait que Lycurgue et Platon ne l'aient eue ; car il me semble que ce que nous voyons par expérience en ces nations-là, surpasse non seulement toutes les peintures de quoi la poésie a embelli l'âge doré et toutes ses inventions à feindre une heureuse condition d'hommes, mais encore la conception et le désir même de la philosophie. Ils n'ont pu imaginer une naïveté si pure et simple, comme nous la voyons par expérience ; ni n'ont pu croire que notre société se peut maintenir avec si peu d'artifice et de soudure humaine[5]. C'est une nation, dirais-je à Platon, en laquelle il n'y a aucune espèce

---

[1] Entièrement
[2] À tel point que
[3] Pas plus que la toile
[4] Du fait que
[5] Lien humain

de trafic ; nulle connaissance de lettres ; nulle science de nombres ; nul usage de service, de richesse ou de pauvreté ; nuls contrats ; nulles successions ; nuls partages ; nulles occupations qu'oisives ; nul respect de parenté que commun ; nul vêtements ; nulle agriculture ; nul métal ; nul usage de vin ou de blé. Les paroles même qui signifient le mensonge, la trahison, la dissimulation, l'avarice, l'envie, la détraction, le pardon, inouïes. Combien trouverait-il la république qu'il a imaginée éloignée de cette perfection. [...]

Au demeurant, ils vivent en une contrée de pays très plaisante et bien tempérée ; de façon qu'à ce que m'ont dit mes témoins, il est rare d'y voir un homme malade ; et m'ont assuré n'en y avoir vu aucun tremblant, chassieux[1], édenté, ou courbé de vieillesse. Ils sont assis le long de la mer, et fermés du côté de la terre de grandes et hautes montagnes, ayant, entre-deux, cent lieues ou environ d'étendue en large. Ils ont grande abondance de poisson et de chairs qui n'ont aucune ressemblance aux nôtres, et les mangent sans autre artifice que de les cuire. Le premier qui y mena un cheval, quoi qu'il les eût pratiqués à plusieurs autres voyages, leur fit tant d'horreur en cette assiette, qu'ils le tuèrent à coups de trait[2], avant que le pouvoir reconnaître. Leurs bâtiments sont fort longs, et capables de deux ou trois cents âmes, étoffés d'écorce de grands arbres, tenant à terre par un bout et se soutenant et appuyant l'un contre l'autre par le faîte, à la mode d'aucunes[3] de nos granges, desquelles la couverture pend jusques à terre, et sert de flanc. Ils ont du bois si dur qu'ils en coupent, et en font leurs épées et

---

[1] Les yeux pleins de chassie jaunâtre
[2] Flèche
[3] De certaines

9

des grils à cuire leur viande. Leurs lits sont d'un tissu de coton, suspendus contre le toit, comme ceux de nos navires, à chacun le sien ; car les femmes couchent à part des maris. Ils se lèvent avec le soleil, et mangent soudain après s'être levés, pour toute la journée ; car ils ne font autre repas que celui-là. Ils ne boivent pas lors, comme Suidas dit de quelques autres peuples d'Orient, qui buvaient hors du manger ; ils boivent à plusieurs fois sur jour, et d'autant[1]. Leur breuvage est fait de quelque racine, et est de la couleur de nos vins clairets. Ils ne le boivent que tiède ; ce breuvage ne se conserve que deux ou trois jours ; il a le goût un peu piquant, nullement fumeux, salutaire à l'estomac, et laxatif à ceux qui ne l'ont accoutumé ; c'est une boisson très agréable à qui y est duit[2]. Au lieu de pain, ils usent d'une certaine matière blanche, comme du coriandre confit. J'en ai tâté : le goût en est doux et un peu fade. Toute la journée se passe à danser. Les plus jeunes vont à la chasse des bêtes à tout[3] des arcs. Une partie des femmes s'amusent cependant à chauffer leur breuvage, qui est leur principal office. Il y a quelqu'un des vieillards qui, le matin, avant qu'ils se mettent à manger, prêche en commun toute la grangée, en se promenant d'un bout à l'autre et redisant une même clause à plusieurs fois, jusques à ce qu'il ait achevé le tour (car ce sont bâtiments qui ont bien cent pas de longueur). Il ne leur recommande que deux choses : la vaillance contre les ennemis et l'amitié à leurs femmes. Et ne faillent jamais de remarquer cette obligation, pour leur refrain, que ce sont elles qui leur maintiennent leur boisson tiède et assaisonnée. Il se voit en plusieurs lieux[4], et

---

[1] Beaucoup
[2] Habitué
[3] Avec
[4] Livres

entre autres chez moi, la forme de leurs lits, de leurs cordons, de leurs épées et bracelets de bois de quoi ils couvrent leurs poignets aux combats, et de grandes cannes, ouvertes par un bout, par le son desquelles ils soutiennent la cadence en leur danser. Ils sont ras par tout, et se font le poil beaucoup plus nettement que nous, sans autre rasoir que de bois ou de pierre.

Ils croient les âmes éternelles, et celles qui ont bien mérité des dieux, être logées à l'endroit du ciel où le soleil se lève ; les maudites, du côté de l'Occident.

Ils ont je ne sais quels prêtres et prophètes, qui se présentent bien rarement au peuple, ayant leur demeure aux montagnes. À leur arrivée, il se fait une grande fête et assemblée solennelle de plusieurs villages (chaque grange, comme je l'ai décrite, fait un village, et sont environ à une lieue Française l'une de l'autre). Ce prophète parle à eux en public, les exhortant à la vertu et à leur devoir ; mais toute leur science éthique ne contient que ces deux articles, de la résolution à la guerre et affection à leurs femmes. Celui-ci leur pronostique les choses à venir et les évènements qu'ils doivent espérer de leurs entreprises, les achemine ou détourne de la guerre ; mais c'est par tel si que[1], où il faut[2] à bien deviner, et s'il leur advient autrement qu'il ne leur a prédit, il est haché en mille pièces s'ils l'attrapent, et condamné pour faux prophète. À cette cause, celui qui s'est une fois mécompté, on ne le voit plus.

C'est don de Dieu que la divination ; voilà pourquoi ce devrait être une imposture punissable, d'en abuser. Entre les Scythes, quand les devins avaient failli de rencontre[3], on les couchait,

---

[1] À telle condition que
[2] Il faute
[3] S'étaient trompés par hasard

enforgés de pieds et de mains, sur des charriotes pleines de bruyère, tirées par des bœufs, en quoi on les faisait brûler. Ceux qui manient les choses sujettes à la conduite de l'humaine suffisance, sont excusables d'y faire ce qu'ils peuvent. Mais ces autres, qui nous viennent pipant des assurances d'une faculté extraordinaire qui est hors de notre connaissance, faut-il pas les punir de ce qu'ils ne maintiennent l'effet de leur promesse, et de la témérité de leur imposture ?

Ils ont leurs guerres contre les nations qui sont au delà de leurs montagnes, plus avant en la terre ferme, auxquelles ils vont tout nus, n'ayant autres armes que des arcs ou des épées de bois, appointées par un bout, à la mode des langues de nos épieux. C'est chose émerveillable que de la fermeté de leurs combats, qui ne finissent jamais que par meurtre et effusion de sang ; car, de routes[1] et d'effroi, ils ne savent que c'est. Chacun rapporte pour son trophée la tête de l'ennemi qu'il a tué, et l'attache à l'entrée de son logis. Après avoir longtemps bien traité leurs prisonniers, et de toutes les commodités dont ils se peuvent aviser, celui qui en est le maître, fait une grande assemblée de ses connaissants[2] ; il attache une corde à l'un des bras du prisonnier, par le bout de laquelle il le tient, éloigné de quelques pas, de peur d'en être offensé, et donne au plus cher de ses amis l'autre bras à tenir de même ; et eux deux, en présence de toute l'assemblée, l'assomment à coups d'épée. Cela fait, ils le rôtissent et en mangent en commun et en envoient des lopins à ceux de leurs amis qui sont absents. Ce n'est pas, comme on pense, pour s'en nourrir, ainsi que faisaient anciennement les Scythes ; c'est pour représenter une extrême vengeance. Et qu'il

---

[1] Déroutes
[2] Connaissances

soit ainsi, ayant aperçu que les Portugais, qui s'étaient ralliés à leurs adversaires, usaient d'une autre sorte de mort contre eux, quand ils les prenaient, qui était de les enterrer jusques à la ceinture, et tirer au demeurant[1] du corps force coups de trait, et les pendre après, ils pensèrent que ces gens ici de l'autre monde, comme ceux qui avaient semé la connaissance de beaucoup de vices parmi leur voisinage, et qui étaient beaucoup plus grands maîtres qu'eux en toute sorte de malice, ne prenaient pas sans occasion cette sorte de vengeance, et qu'elle devait être plus aigre que la leur, commencèrent de quitter leur façon ancienne pour suivre cette-ci. Je ne suis pas marri que nous remarquons l'horreur barbaresque qu'il y a en une telle action, mais oui bien[2] de quoi, jugeant bien de leurs fautes, nous soyons si aveuglés aux nôtres. Je pense qu'il y a plus de barbarie à manger un homme vivant qu'à le manger mort, à déchirer par tourments et par géhennes un corps encore plein de sentiment, le faire rôtir par le menu, le faire mordre et meurtrir aux chiens et aux pourceaux (comme nous l'avons non seulement lu, mais vu de fraîche mémoire, non entre des ennemis anciens, mais entre des voisins et concitoyens, et, qui pis est, sous prétexte de piété et de religion), que de le rôtir et manger après qu'il est trépassé.

Chrysippe et Zénon, chefs de la secte Stoïque, ont bien pensé qu'il n'y avait aucun mal de se servir de notre charogne à quoi que ce fut pour notre besoin, et d'en tirer de la nourriture ; comme nos ancêtres, étant assiégés par César en la ville de Alexia[3], se résolurent de soutenir la faim de ce siège par les

---

[1] Au reste
[2] Plutôt
[3] Alésia

corps des vieillards, des femmes et autres personnes inutiles au combat. [...] Et les médecins ne craignent pas de s'en servir à toute sorte d'usage pour notre santé ; soit pour l'appliquer au dedans ou au dehors ; mais il ne se trouva jamais aucune opinion si déréglée qui excusât la trahison, la déloyauté, la tyrannie, la cruauté, qui sont nos fautes ordinaires. Nous les pouvons donc bien appeler barbares, eu égard aux règles de la raison, mais non pas eu égard à nous, qui les surpassons en toute sorte de barbarie. Leur guerre est toute noble et généreuse, et a autant d'excuse et de beauté que cette maladie humaine en peut recevoir ; elle n'a autre fondement parmi eux que la seule jalousie de la vertu. Ils ne sont pas en débat de la conquête de nouvelles terres, car ils jouissent encore de cette liberté naturelle qui les fournit sans travail et sans peine de toutes choses nécessaires, en telle abondance qu'ils n'ont que faire d'agrandir leurs limites. Ils sont encore en cet heureux point, de ne désirer qu'autant que leurs nécessités naturelles leur ordonnent ; tout ce qui est au delà est superflu pour eux. Ils s'entr'appellent généralement, ceux de même âge « frères » ; « enfants », ceux qui sont au dessous ; et les vieillards sont pères à tous les autres. Ceux-ci laissent à leurs héritiers en commun cette pleine possession de biens par indivis[1], sans autre titre que celui tout pur que nature donne à ses créatures, les produisant au monde. Si leurs voisins passent les montagnes pour les venir assaillir, et qu'ils emportent la victoire sur eux, l'acquêt[2] du victorieux, c'est la gloire, et l'avantage d'être demeuré maître en valeur et vertu ; car autrement ils n'ont que faire des biens des vaincus, et s'en retournent à leur pays, où ils n'ont faute d'aucune chose nécessaire, ni faute encore de cette grande

---

[1] Par indivision
[2] L'acquis

partie, de[1] savoir heureusement jouir de leur condition et s'en contenter. Autant en font ceux-ci à leur tour. Ils ne demandent à leurs prisonniers autre rançon que la confession et reconnaissance d'être vaincus ; mais il ne s'en trouve pas un, en tout un siècle, qui n'aime mieux la mort que de relâcher, ni par contenance, ni de parole un seul point d'une grandeur de courage invincible ; il ne s'en voit aucun qui n'aime mieux être tué et mangé, que de requérir seulement de ne l'être pas. Ils les traitent en toute liberté, afin que la vie leur soit d'autant plus chère ; et les entretiennent communément des menaces de leur mort future, des tourments qu'ils y auront à souffrir, des apprêts qu'on dresse pour cet effet, du détranchement[2] de leurs membres et du festin qui se fera à leurs dépens. Tout cela se fait pour cette seule fin d'arracher de leur bouche quelque parole molle ou rabaissée, ou de leur donner envie de s'enfuir, pour gagner cet avantage de les avoir épouvantés, et d'avoir fait force à leur constance. Car aussi, à le bien prendre, c'est en ce seul point que consiste la vraie victoire. [...] Les Hongres, très belliqueux combattants, ne poursuivaient jadis leur pointe[3], outre[4] avoir rendu l'ennemi à leur merci. Car, en ayant arraché cette confession, ils le laissaient aller sans offense, sans rançon, sauf, pour le plus[5], d'en tirer parole[6] de ne s'armer dès lors en avant contre eux.

Assez d'avantages gagnons-nous sur nos ennemis, qui sont avantages empruntés, non pas nôtres. C'est la qualité d'un

---

[1] Qui consiste à
[2] Amputation
[3] Leur assaut
[4] Après
[5] Tout au plus
[6] Promesse

portefaix[1], non de la vertu[2], d'avoir les bras et les jambes plus roides ; c'est une qualité morte et corporelle que la disposition[3] ; c'est un coup de la fortune de faire broncher[4] notre ennemi et de lui éblouir les yeux par la lumière du Soleil ; c'est un tour d'art et de science, et qui peut tomber en une personne lâche et de néant[5], d'être suffisant[6] à l'escrime. L'estimation et le prix d'un homme consiste au cœur et en la volonté ; c'est là où gît son vrai honneur ; la vaillance, c'est la fermeté non pas des jambes et des bras, mais du courage et de l'âme ; elle ne consiste pas en la valeur de notre cheval, ni de nos armes, mais en la nôtre. Celui qui tombe obstiné en son courage [...] ; qui, pour quelque danger de la mort voisine, ne relâche aucun point de son assurance ; qui regarde encore, en rendant l'âme, son ennemi d'une vue ferme et dédaigneuse, il est battu non pas de nous, mais de la fortune ; il est tué, non pas vaincu : les plus vaillants sont parfois les plus infortunés. Aussi y a[-t-]il des pertes triomphantes à l'envi[7] des victoires. Ni ces quatre victoires sœurs, les plus belles que le soleil ait onques vu de ses yeux, de Salamine, de Platée, de Mycale, de Sicile, osèrent onques opposer toute leur gloire ensemble à la gloire de la déconfiture du Roi Léonidas et des siens, au pas des Thermopyles. Qui courut jamais d'une plus glorieuse envie et plus ambitieuse au gain d'un combat, que le capitaine Ischolas à la perte ? Qui plus ingénieusement et curieusement s'est assuré

---

[1] Porteur de fardeaux
[2] De la valeur, ici au combat
[3] Santé
[4] Tomber
[5] Vaine
[6] Capable
[7] Au défi

16

de son salut, que lui de sa ruine ? Il était commis[1] à défendre certain passage du Péloponnèse contre les Arcadiens. Pour quoi faire[2], se trouvant du tout[3] incapable, vu la nature du lieu et inégalité des forces, et se résolvant que tout ce qui se présenterait aux ennemis, aurait de nécessité à y demeurer ; d'autre part, estimant indigne et de sa propre vertu et magnanimité et du nom lacédémonien de faillir à sa charge, il prit entre ces deux extrémités un moyen parti, de telle sorte. Les plus jeunes et dispos de sa troupe, il les conserva à la tuition[4] et service de leur pays, et les y renvoya ; et avec ceux desquels le défaut était moindre, il délibéra de soutenir ce pas[5], et, par leur mort, en faire acheter aux ennemis l'entrée la plus chère qu'il lui serait possible : comme il advint. Car, étant tantôt environné de toutes parts par les Arcadiens, après en avoir fait une grande boucherie, lui et les siens furent tous mis au fil de l'épée. Est-il quelque trophée assigné pour les vainqueurs, qui ne soit mieux dû à ces vaincus ? Le vrai vaincre a pour son rôle l'estour[6], non pas le salut ; et consiste l'honneur de la vertu à combattre, non à battre.

Pour revenir à notre histoire, il s'en faut que[7] ces prisonniers se rendent, pour tout ce qu'on leur fait, qu'au rebours[8], pendant ces deux ou trois mois qu'on les garde, ils portent une contenance gaie ; ils pressent leurs maîtres de se hâter de les mettre en cette épreuve ; ils les défient, les injurient, leur

---

[1] Chargé
[2] Pour ce faire
[3] Entièrement
[4] Protection
[5] Ces passage des Thermopyles
[6] Le combat
[7] Il s'en faut de beaucoup que
[8] À tel point qu'au contraire

reprochent leur lâcheté et le nombre des batailles perdues contre les leurs. J'ai une chanson faite par un prisonnier, où il y a ce trait : qu'ils viennent hardiment trétous[1] et s'assemblent pour diner de lui ; car ils mangeront quant et quant[2] leurs pères et leurs aïeux, qui ont servi d'aliment et de nourriture à son corps. « Ces muscles, dit-il, cette chair et ces veines, ce sont les vôtres, pauvres fols[3] que vous êtes ; vous ne reconnaissez pas que la substance des membres de vos ancêtres s'y tient encore : savourez les bien, vous y trouverez le goût de votre propre chair. » Invention qui ne sent aucunement la barbarie. Ceux qui les peignent mourants, et qui représentent cette action quand on les assomme, ils peignent le prisonnier crachant au visage de ceux qui le tuent et leur faisant la moue. De vrai, ils ne cessent jusques au dernier soupir de les braver et défier de parole et de contenance. Sans mentir, au prix de nous[4], voilà des hommes bien sauvages ; car, ou il faut qu'ils le soient bien à bon escient[5], ou que nous le soyons ; il y a une merveilleuse distance entre leur forme[6] et la nôtre.

Les hommes y ont plusieurs femmes, et en ont d'autant plus grand nombre qu'ils sont en meilleure réputation de vaillance ; c'est une beauté remarquable en leurs mariages, que la même jalousie que nos femmes ont pour nous empêcher de l'amitié et bienveillance d'autres femmes, les leurs l'ont toute pareille pour la leur acquérir. Étant plus soigneuses de l'honneur de leurs maris que de toute autre chose, elles cherchent et mettent

---

[1] Tous
[2] En même temps que, également
[3] Fous
[4] Comparé à nous
[5] Complètement
[6] Manière d'être

leur sollicitude à avoir le plus de compagnes qu'elles peuvent, d'autant que c'est un témoignage de la vertu du mari.

Les nôtres crieront au miracle ; ce ne l'est pas ; c'est une vertu proprement matrimoniale, mais du plus haut étage. Et, en la Bible, Lia, Rachel, Sara et les femmes de Jacob fournirent leurs belles servantes à leurs maris, et Livia seconda les appétits d'Auguste, à son intérêt[1] ; et la femme du Roi Dejotarus, Stratonique, prêta non seulement à l'usage de son mari une fort belle jeune fille de chambre qui la servait, mais en nourrit soigneusement les enfants, et leur fit épaule[2] à succéder aux états de leur père.

Et, afin qu'on ne pense point que tout ceci se fasse par une simple et servile obligation à leur usance et par l'impression de l'autorité de leur ancienne coutume, sans discours et sans jugement, et pour avoir l'âme si stupide que de ne pouvoir prendre autre parti, il faut alléguer quelques traits de leur suffisance. Outre celui que je viens de réciter de l'une de leurs chansons guerrières, j'en ai une autre, amoureuse, qui commence en ce sens :

« Couleuvre, arrête-toi, arrête-toi, couleuvre, afin que ma sœur tire sur le patron de ta peinture la façon et l'ouvrage d'un riche cordon que je puisse donner à m'amie[3] : ainsi soit en tout temps ta beauté et ta disposition préférée à tous les autres serpents. »

Ce premier couplet, c'est le refrain de la chanson. Or j'ai assez de commerce avec la poésie pour juger ceci, que non seulement il n'y a rien de barbare en cette imagination, mais qu'elle est

---

[1] Contre son propre intérêt
[2] Les aida
[3] Mon amie

tout à fait Anacréontique[1]. Leur langage, au demeurant, c'est un doux langage et qui a le son agréable, retirant[2] aux terminaisons Grecques.

Trois d'entre eux, ignorants combien coûtera un jour à leur repos et à leur bonheur la connaissance des corruptions de deçà[3], et que de ce commerce naîtra leur ruine, comme je présuppose qu'elle soit déjà avancée, bien misérables de s'être laissés piper au désir de la nouvelleté, et avoir quitté la douceur de leur ciel pour venir voir le nôtre, furent à Rouen, du temps que le feu Roi Charles neuvième y était. Le Roi parla à eux longtemps ; on leur fit voir notre façon, notre pompe, la forme d'une belle ville. Après cela, quelqu'un en demanda leur avis, et voulut savoir d'eux ce qu'ils y avaient trouvé de plus admirable ; ils répondirent trois choses, d'où j'ai perdu la troisième, et en suis bien marri ; mais j'en ai encore deux en mémoire. Ils dirent qu'ils trouvaient en premier lieu fort étrange que tant de grands hommes, portants barbe, forts et armés, qui étaient autour du Roi (il est vraisemblable qu'ils parlaient des Suisses de sa garde), se soumissent à obéir à un enfant, et qu'on ne choisissait plutôt quelqu'un d'entre eux pour commander ; secondement (ils ont une façon de leur langage telle, qu'ils nomment les hommes *moitié* les uns des autres) qu'ils avaient aperçu qu'il y avait parmi nous des hommes pleins et gorgés de toutes sortes de commodités, et que leurs *moitiés* étaient mendiants à leurs portes, décharnés de faim et de pauvreté ; et trouvaient étrange comme ces *moitiés* ici nécessiteuses pouvaient souffrir une telle injustice, qu'ils ne prissent les

---

[1] Style des odes d'Anacréon
[2] Qui tient de
[3] D'ici

autres à la gorge, ou missent le feu à leurs maisons. Je parlai à l'un d'eux fort longtemps ; mais j'avais un truchement[1] qui me suivait si mal et qui était si empêché à recevoir mes imaginations[2] par sa bêtise, que je n'en pus tirer guère de plaisir. Sur ce que je lui demandai quel fruit il recevait de la supériorité qu'il avait parmi les siens (car c'était un Capitaine, et nos matelots le nommaient Roi), il me dit que c'était marcher le premier à la guerre ; de combien d'hommes il était suivi, il me montra une espace de lieu, pour signifier que c'était autant qu'il en pourrait en une telle espace, ce pouvait être quatre ou cinq mille hommes ; si, hors la guerre, toute son autorité était expirée, il dit qu'il lui en restait cela que, quand il visitait les villages qui dépendaient de lui, on lui dressait des sentiers au travers des haies de leurs bois, par où il pût passer bien à l'aise.

Tout cela ne va pas trop mal : mais quoi, ils ne portent point de haut-de-chausses !

---

[1] Traducteur

[2] Si incapable de comprendre mes pensées

# Essais III chapitre 7
# Des coches

Il est bien aisé à vérifier, que les grands auteurs, écrivant des causes, ne se servent pas seulement de celles qu'ils estiment être vraies, mais de celles encore qu'ils ne croient pas, pourvu qu'elles aient quelque invention et beauté. Ils disent assez véritablement et utilement, s'ils disent ingénieusement. Nous ne pouvons nous assurer de la maîtresse cause ; nous en entassons plusieurs, voir si par rencontre[1] elle se trouvera en ce nombre. [...]

Me demandez vous d'où vient cette coutume, de bénir ceux qui éternuent ? Nous produisons trois sortes de vents. Celui qui sort par en bas est trop sale. Celui qui sort par la bouche porte quelque reproche de gourmandise. Le troisième est l'éternuement. Et parce qu'il vient de la tête, et est sans blâme, nous lui faisons cet honnête recueil[2]. Ne vous moquez pas de cette subtilité ; elle est (dit- on) d'Aristote.

Il me semble avoir vu en Plutarque (qui est, de tous les auteurs que je connaisse celui qui a mieux mêlé l'art à la nature, et le jugement à la science), rendant la cause du soulèvement d'estomac qui advient à ceux qui voyagent en mer, que cela leur arrive de crainte[3], ayant trouvé quelque raison par laquelle il prouve que la crainte peut produire un tel effet. Moi, qui y suis fort sujet[4], sais bien que cette cause[5] ne me touche pas, et le sais

---

[1] Pour voir si par hasard
[2] Ce bon accueil.
[3] Par peur
[4] Au mal de mer
[5] La peur

non par argument, mais par nécessaire[1] expérience. Sans alléguer[2] ce qu'on m'a dit, qu'il en arrive de même souvent aux bêtes, et notamment aux pourceaux, hors de toute appréhension de danger ; et ce qu'un mien connaissant m'a témoigné de soi, qu'y étant fort sujet, l'envie de vomir lui était passée deux ou trois fois, se trouvant pressé de frayeur en grande tourmente [...] je n'eus jamais peur sur l'eau, comme je n'ai [de peur] aussi ailleurs [...] qui m'ait au moins[3] troublé ou ébloui. Elle naît parfois de faute de jugement, comme de faute de cœur. Tous les dangers que j'ai vus, ç'a été les yeux ouverts, la vue libre, saine et entière : encore faut-il du courage à craindre. Il me servit autrefois, au prix d'autres[4], pour conduire et tenir en ordre ma fuite, qu'elle fût, sinon sans crainte, toutefois sans effroi et sans étonnement ; elle était émue, mais non pas étourdie ni éperdue. Les grandes âmes vont bien plus outre, et représentent des fuites non rassises seulement et saines, mais fières. Disons celle qu'Alcibiade récite de Socrate, son compagnon d'armes : « Je le trouvai (dit-il) après la route[5] de notre armée, lui et Lachès, des derniers entre les fuyants ; et le considérai tout à mon aise et en sûreté, car j'étais sur un bon cheval et lui à pied, et avions ainsi combattu. Je remarquai premièrement combien il montrait d'avisement et de résolution au prix de[6] Lachès, et puis la braverie de son marcher[7], nullement différent du sien ordinaire, sa vue ferme et réglée, considérant et jugeant ce qui se passait autour de lui, regardant tantôt les uns, tantôt les autres, amis et

---

[1] Certaine
[2] Invoquer
[3] Pour le moins
[4] Par rapport à d'autres gens
[5] Déroute
[6] Comparé à
[7] Sa démarche

ennemis, d'une façon qui encourageait les uns et signifiait aux autres qu'il était pour vendre bien cher son sang et sa vie à qui essayerait de la lui ôter ; et se sauvèrent ainsi : car volontiers[1] on n'attaque pas ceux-ci ; on court après les effrayés.» Voilà le témoignage de ce grand capitaine, qui nous apprend, ce que nous essayons[2] tous les jours, qu'il n'est rien qui nous jette tant aux dangers qu'une faim inconsidérée de nous en mettre hors. [...] Notre peuple a tort de dire : celui-là craint la mort, quand il veut exprimer qu'il y songe et qu'il la prévoit. La prévoyance convient également à ce qui nous touche en bien et en mal. Considérer et juger le danger est aucunement le rebours de s'en étonner. Je ne me sens pas assez fort pour soutenir le coup et l'impétuosité de cette passion de la peur, ni d'autre véhémente. Si j'en étais un coup vaincu et atterré, je ne m'en relèverais jamais bien entier. Qui aurait fait perdre pied à mon âme, ne la remettrait jamais droite en sa place ; elle se retâte et recherche trop vivement et profondément, et pourtant, ne laisserait jamais ressouder et consolider la plaie qui l'aurait percée. Il m'a bien pris qu'aucune maladie ne me l'ait encore démise. À chaque charge qui me vient, je me présente et oppose en mon haut appareil ; ainsi, la première qui m'emporterait me mettrait sans ressource. Je n'en fais point à deux ; par quelque endroit que le ravage fauchât ma levée, me voilà ouvert et noyé sans remède. Épicure dit que le sage ne peut jamais passer à un état contraire. J'ai quelque opinion de l'envers de cette sentence, que, qui aura été une fois bien fol, ne sera nulle autre fois bien sage. Dieu donne le froid selon la robe, et me donne les passions selon le moyen que j'ai de les soutenir. Nature, m'ayant découvert d'un

---

[1] Souvent
[2] Éprouvons

25

côté, m'a couvert de l'autre ; m'ayant désarmé de force, m'a armé d'insensibilité et d'une appréhension réglée, ou mousse[1].

Or je ne puis souffrir longtemps (et les souffrais plus difficilement en jeunesse) ni coche, ni litière, ni bateau ; et hais toute autre voiture[2] que de cheval, et en la ville et aux champs. Mais je puis souffrir la litière moins qu'un coche et, par même raison, plus aisément une agitation rude sur l'eau, d'où se produit la peur, que le mouvement qui se sent en temps calme. Par cette légère secousse que les avirons donnent, dérobant le vaisseau sous nous, je me sens brouiller, je ne sais comment, la tête et l'estomac, comme je ne puis souffrir sous moi, un siège tremblant. Quand la voile ou le cours de l'eau nous emporte également, ou qu'on nous toue[3], cette agitation unie ne me blesse aucunement : c'est un remuement interrompu qui m'offense, et plus quand il est languissant. Je ne saurais autrement peindre sa forme. Les médecins m'ont ordonné de me presser et sangler d'une serviette le bas du ventre pour remédier à cet accident ; ce que je n'ai point essayé, ayant accoutumé de lutter les défauts qui sont en moi et les dompter par moi même.

Si j'en avais la mémoire suffisamment informée, je ne plaindrais mon temps à dire ici l'infinie variété que les histoires nous présentent de l'usage des coches au service de la guerre, divers selon les nations, selon les siècles, de grand effet, ce me semble, et nécessité ; si que c'est merveille que nous en ayons perdu toute connaissance. J'en dirai seulement ceci, que tout fraîchement, du temps de nos pères, les Hongres les mirent très

---

[1] Émoussé
[2] Moyen de locomotion
[3] Remorque

utilement en besogne contre les Turcs, en chacun y ayant un rondellier et un mousquetaire, et nombre de harquebuses[1] rangées, prêtes et chargées : le tout couvert d'une pavesade à la mode d'une galiote. Ils faisaient front à leur bataille[2] de trois mille tels coches, et, après que le canon avait joué, les faisaient tirer avant et avaler aux ennemis cette salve avant que de tâter le reste, qui n'était pas un léger avancement ; ou les décochaient[3] dans leurs escadrons pour les rompre et y faire jour, outre le secours qu'ils en pouvaient tirer pour flanquer en lieux chatouilleux les troupes marchant en la campagne, ou à couvrir un logis à la hâte et le fortifier. De mon temps, un gentilhomme, en l'une de nos frontières, impos[4] de sa personne et ne trouvant cheval capable de son poids, ayant une querelle, marchait par pays en coche de même cette peinture[5], et s'en trouvait très bien. Mais laissons ces coches guerriers. Les Rois de notre première race marchaient en pays sur un charriot trainé par quatre bœufs. Marc Antoine fut le premier qui se fit mener à Rome, et une garce ménétrière[6] quand et[7] lui, par des lions attelés à un coche. Héliogabalus en fit depuis autant, se disant Cybèle, la mère des dieux, et aussi par des tigres, contrefaisant le Dieu Bacchus ; il attela aussi par fois deux cerfs à son coche, et une autre fois quatre chiens, et encore quatre garces nues, se faisant traîner par elles en pompe tout nu. L'empereur Firmus

---

[1] D'arquebuses
[2] Contingent militaire
[3] Lançaient
[4] Peu dispos, impotent
[5] Comme ceux qu'on vient de dépeindre
[6] Violoniste
[7] Avec

fit mener son coche à[1] des autruches de merveilleuse grandeur, de manière qu'il semblait plus voler que rouler.

L'étrangeté de ces inventions me met en tête cette autre fantaisie : que c'est une espèce de pusillanimité aux monarques, et un témoignage de ne sentir point assez ce qu'ils sont, de travailler à se faire valoir et paraître par dépenses excessives. Ce serait choses excusables en pays étranger ; mais, parmi ses sujets, où il peut tout, il tire de sa dignité le plus extrême degré d'honneur où il puisse arriver. Comme à un gentilhomme il me semble qu'il est superflu de se vêtir curieusement en son privé ; sa maison, son train, sa cuisine, répondent assez de lui. Le conseil qu'Isocrate donne à son Roi ne me semble sans raison : Qu'il soit splendide en meubles et ustensiles, d'autant que c'est une dépense de durée, qui passe jusques à ses successeurs ; et qu'il fuie toutes magnificences qui s'écoulent incontinent et de l'usage et de la mémoire. J'aimais à me parer, quand j'étais cadet, à faute d'autre parure, et me seyait bien ; il en est sur qui les belles robes pleurent. Nous avons des contes merveilleux de la frugalité de nos Rois autour de leur personne, et en leurs dons ; grands Rois en crédit, en valeur et en fortune. Démosthène combat à outrance la loi de sa ville qui assignait les deniers publics aux pompes des jeux et de leurs fêtes ; il veut que leur grandeur se montre en quantité de vaisseaux bien équipés et bonnes armées bien fournies. Et a l'on[2] raison d'accuser Théophraste d'avoir établi, en son livre *Des richesses*, un avis contraire, et maintenu telle nature de dépense être le vrai fruit de l'opulence. Ce sont plaisirs, dit Aristote, qui

---

[1] Par
[2] A-t-on

ne touchent que la plus basse commune[1], qui s'évanouissent de mémoire aussitôt qu'on en est rassasié et desquels nul homme judicieux et grave ne peut faire estime. L'emploite[2] me semblerait bien plus royale comme plus utile, juste et durable en ports, en havres, fortifications et murs, en bâtiments somptueux, en églises, hôpitaux, collèges, reformation de rues et chemins. En quoi le pape Grégoire treizième a laissé sa mémoire recommandable de mon temps, et en quoi notre Reine Catherine témoignerait à longues années sa libéralité naturelle et munificence, si ses moyens suffisaient à son affection. La Fortune m'a fait grand déplaisir d'interrompre la belle structure[3] du pont neuf de notre grande ville et m'ôter l'espoir avant de mourir d'en voir en train l'usage. Outre ce, il semble aux sujets, spectateurs de ces triomphes, qu'on leur fait montre de leurs propres richesses et qu'on les festoie à leurs dépens. Car les peuples présument volontiers des Rois, comme nous faisons de nos valets, qu'ils doivent prendre soin de nous apprêter en abondance tout ce qu'il nous faut, mais qu'ils n'y doivent aucunement toucher de leur part. Et pour tant l'Empereur Galba, ayant pris plaisir à un musicien pendant son souper, se fit apporter sa boîte[4] et lui donna en sa main une poignée d'écus qu'il y pêcha, avec ces paroles : « ce n'est pas du public, c'est du mien. » Tant y a qu'il advient le plus souvent que le peuple a raison, et qu'on repaît ses yeux de ce de quoi il avait à paître son ventre. La libéralité même n'est pas bien en son lustre en mains souveraines ; les privés y ont plus de droit ; car, à le prendre exactement, un Roi n'a rien

---

[1] Foule
[2] La dépense
[3] Construction
[4] Coffre

proprement sien ; il se doit soi-même à autrui. La juridiction ne se donne point en faveur du juridiciant, c'est en faveur du juridicié. On fait un supérieur, non jamais pour son profit, ains[1] pour le profit de l'inférieur, et un médecin pour le malade, non pour soi. Toute magistrature, comme tout art, jette sa fin hors d'elle. [...] Par quoi les gouverneurs de l'enfance des princes, qui se piquent à leur imprimer cette vertu de largesse, et les prêchent de ne savoir rien refuser et n'estimer rien si bien employé que ce qu'ils donneront (instruction que j'ai vu en mon temps fort en crédit), ou ils regardent plus à leur profit qu'à celui de leur maître, ou ils entendent mal à qui ils parlent. Il est trop aisé d'imprimer la libéralité en celui qui a de quoi y fournir autant qu'il veut, aux dépens d'autrui. Et son estimation se réglant non à la mesure du présent, mais à la mesure des moyens de celui qui l'exerce, elle vient à être vaine en mains si puissantes. Ils se trouvent prodigues avant qu'ils soient libéraux. Pour tant est elle de peu de recommandation, au prix d'autres vertus royales, et la seule, comme disait le tyran Dionysius, qui se comporte bien avec la tyrannie même. Je lui apprendrai plutôt ce verset du laboureur ancien : qu'il faut, à qui en veut retirer fruit, semer de la main, non pas verser du sac — il faut épandre le grain, non pas le répandre — et qu'ayant à donner ou, pour mieux dire, à payer et rendre à tant de gens selon qu'ils l'ont desservi[2], il en doit être loyal et avisé dispensateur. Si la libéralité d'un prince est sans discrétion[3] et sans mesure, je l'aime mieux avare. La vertu Royale semble consister le plus en la justice ; et de toutes les parties de la justice celle-là remarque mieux les Rois, qui accompagne la

---

[1] Mais
[2] Mérité
[3] Discernement

liberalité ; car ils l'ont particulièrement réservée à leur charge, là où toute autre justice, ils l'exercent volontiers par l'entremise d'autrui. L'immodérée largesse est un moyen faible à leur acquérir bienveillance ; car elle rebute plus de gens qu'elle n'en pratique[1]. [...] Et, si elle est employée sans respect du mérite, fait vergogne à qui la reçoit ; et se reçoit sans grâce. Des tyrans ont été sacrifiés à la haine du peuple par les mains de ceux mêmes qu'ils avaient iniquement avancés, telle manière d'hommes estimant assurer la possession des biens indûment reçu en montrant avoir à mépris et haine celui de qui ils les tenaient, et se ralliant au jugement et opinion commune en cela. Les sujets d'un prince excessif en dons se rendent excessifs en demandes ; ils se taillent[2] non à la raison, mais à l'exemple. Il y a certes souvent de quoi rougir de notre impudence ; nous sommes surpayés selon justice quand la récompense égale notre service, car n'en devons nous rien à nos princes d'obligation naturelle ? S'il porte notre dépense, il fait trop ; c'est assez qu'il l'aide ; le surplus s'appelle bienfait, lequel ne se peut exiger, car le nom même de libéralité sonne liberté. À notre mode, ce n'est jamais fait ; le reçu ne se met plus en compte ; on n'aime la libéralité que future : par quoi plus un prince s'épuise en donnant, plus il s'appauvrit d'amis. Comment assouvirait-il des envies qui croissent à mesure qu'elles se remplissent ? Qui a sa pensée à prendre, ne l'a plus à ce qu'il a pris. La convoitise n'a rien si propre que d'être ingrate. L'exemple de Cyrus ne duira pas mal en ce lieu pour servir aux Rois de ce temps de touche[3] à reconnaître leurs dons bien ou mal employés, et leur faire voir

---

[1] Gagne
[2] Mesurent
[3] Mesure

31

combien cet Empereur les assénait[1] plus heureusement qu'ils ne font. Par où ils sont réduits de faire leurs emprunts sur les sujets inconnus, et plutôt sur ceux à qui ils ont fait du mal, que sur ceux à qui ils ont fait du bien ; et n'en reçoivent aides où il y ait rien de gratuit que le nom. Crésus lui reprochait sa largesse et calculait à combien se monterait son trésor, s'il eût eu les mains plus restreintes. Il eut envie de justifier sa libéralité ; et dépêchant de toutes parts vers les grands de son état, qu'il avait particulièrement avancés, pria chacun de le secourir d'autant d'argent qu'il pourrait à une sienne nécessité, et le lui envoyer par déclaration. Quand tous ces bordereaux lui furent apportés, chacun de ses amis, n'estimant pas que ce fut assez faire de lui en offrir autant seulement qu'il en avait reçu de sa munificence, y en mêlant du sien plus propre beaucoup, il se trouva que cette somme se montait bien plus que l'épargne de Crésus. Sur quoi lui dit Cyrus : « Je ne suis pas moins amoureux des richesses que les autres Princes et en suis plutôt plus ménager. Vous voyez à combien peu de mise j'ai acquis le trésor inestimable de tant d'amis ; et combien ils me sont plus fidèles trésoriers que ne seraient des hommes mercenaires sans obligation, sans affection, et ma chevance mieux logée qu'en des coffres, appelant sur moi la haine, l'envie et le mépris des autres princes. » Les Empereurs tiraient excuse à la superfluité de leurs jeux et montres publiques, de ce que leur autorité dépendait aucunement (au moins par apparence) de la volonté du peuple Romain, lequel avait de tout temps accoutumé d'être flatté par telle sorte de spectacles et excès. Mais c'étaient particuliers qui avaient nourri cette coutume de gratifier leurs concitoyens et compagnons principalement sur leur bourse par

---

[1] Assignait

telle profusion et magnificence : elle eut tout autre goût quand ce furent les maîtres qui vinrent à l'imiter. [...] Philippus, de ce que son fils essayait par présents de gagner la volonté des Macédoniens, l'en tança[1] par une lettre en cette manière : « Quoi ? as tu envie que tes sujets te tiennent pour leur boursier, non pour leur Roi ? veux tu les pratiquer, pratique les des bienfaits de ta vertu, non des bienfaits de ton coffre. »

C'était pourtant une belle chose, d'aller faire apporter et planter en la place aux arènes une grande quantité de gros arbres, tous branchus et tous verts, représentant une grande forêt ombrageuse, départie en belle symétrie, et, le premier jour, jeter là dedans mille autruches, mille cerfs, mille sangliers et mille daims, les abandonnant à piller au peuple ; le lendemain, faire assommer en sa présence cent gros lions, cent léopards, et trois cents ours, et, pour le troisième jour, faire combattre à outrance trois cents paires de gladiateurs, comme fit l'Empereur Probus. C'était aussi belle chose à voir ces grands amphithéâtres encroutés de marbre, au dehors, labouré[2] d'ouvrages et statues, le dedans reluisant de plusieurs rares enrichissements. [...] Tous les côtés de ce grand vide remplis et environnés, depuis le fond jusques au comble, de soixante ou quatre-vingts rangs d'échelons[3], aussi de marbre, couverts de carreaux[4], [...] où se pût ranger cent mille hommes assis à leur aise ; et la place du fond, où les jeux se jouaient, la faire premièrement, par art, entrouvrir et fendre en crevasses représentant des antres qui vomissaient les bêtes destinées au spectacle ; et puis secondement l'inonder d'une mer profonde, qui charriait force

---

[1] Réprimanda
[2] Travaillés
[3] De gradins
[4] Coussins carrés

monstres marins, chargée de vaisseaux armés, à représenter une bataille navale ; et tiercement, l'aplanir et assécher de nouveau pour le combat des gladiateurs ; et, pour la quatrième façon, la sabler de vermillon et de storax, au lieu d'arène[1], pour y dresser un festin solemne[2] à tout ce nombre infini de peuple, le dernier acte d'un seul jour.

Quelquefois on y a fait naître une haute montagne pleine de fruitiers et arbres verdoyants, rendant par son faîte un ruisseau d'eau, comme de la bouche d'une vive fontaine. Quelquefois on y promena un grand navire qui s'ouvrait et déprenait de soi-même, et après avoir vomi de son ventre quatre ou cinq cents bêtes à combat, se resserrait et s'évanouissait, sans aide. Autres fois, du bas de cette place, ils faisaient élancer des surgeons et filets d'eau qui rejaillissaient contremont, et, à cette hauteur infinie, allaient arrosant et embaumant cette infinie multitude. Pour se couvrir de l'injure du temps, ils faisaient tendre cette immense capacité, tantôt de soie d'une ou autre couleur, et les avançaient et retiraient en un moment, comme il leur venait en fantaisie. [...] Les rets aussi qu'on mettait au devant du peuple, pour le défendre de la violence des ces bêtes élancées, étaient tissus d'or. [...] S'il y a quelque chose qui soit excusable en tels excès, c'est où l'invention et la nouveauté fournit d'admiration, non pas la dépense.

En ces vanités même nous découvrons combien ces siècles étaient fertiles d'autres esprits que ne sont les nôtres. Il va de cette sorte de fertilité comme il fait de toutes autres productions de la nature. Ce n'est pas à dire qu'elle y ait lors employé son dernier effort. Nous n'allons point, nous rôdons plutôt, et

---

[1] De sable
[2] Solennel

tournoyons çà et là. Nous nous promenons sur nos pas. Je crains que notre connaissance soit faible en tous sens, nous ne soyons ni guère loin, ni guère arrière ; elle embrasse peu et vit peu, courte et en étendue de temps et en étendue de matière. [...]

Et la narration de Solon, sur ce qu'il avait appris des prêtres d'Égypte de la longue vie de leur état et manière d'apprendre et conserver les histoires étrangères, ne me semble témoignage de refus en cette considération. [...] Quand tout ce qui est venu par rapport du passé jusques à nous serait vrai et serait su par quelqu'un, ce serait moins que rien au prix de ce qui est ignoré. Et de cette même image du monde qui coule pendant que nous y sommes, combien chétive et raccourcie est la connaissance des plus curieux ! Non seulement des événements particuliers que fortune rend souvent exemplaires, et pesants, mais de l'état des grandes polices et nations, il nous en échappe cent fois plus qu'il n'en vient à notre science. Nous nous écrions du miracle de l'invention de notre artillerie, de notre impression[1] ; d'autres hommes, un autre bout du monde à la Chine, en jouissait mille ans auparavant. Si nous voyons autant du monde comme nous n'en voyons pas, nous apercevrions, comme il est à croire, une perpétuelle multiplication et vicissitude de formes. Il n'y a rien de seul et rare eu égard à nature, oui bien eu égard à notre connaissance, ce qui est un misérable fondement de nos règles et qui nous représente volontiers une très fausse image des choses. [...]

Notre monde vient d'en trouver un autre (et qui nous répond si c'est le dernier de ses frères, puis que les Démons, les Sibylles et nous, avons ignoré celui-ci jusqu'à cette heure ?) non moins

---

[1] Imprimerie

grand, plein et membru que lui, toutefois si nouveau et si enfant qu'on lui apprend encore son *a b c* ; il n'y a pas cinquante ans qu'il ne savait ni lettres, ni poids, ni mesure, ni vêtements, ni blés, ni vignes. Il était encore tout nu au giron, et ne vivait que des moyens de sa mère nourrice. Si nous concluons bien de notre fin, et ce poète de la jeunesse de son siècle, cet autre monde ne fera qu'entrer en lumière quand le nôtre en sortira. L'univers tombera en paralysie ; l'un membre sera perclus, l'autre en vigueur. Bien crains-je que nous aurons bien fort hâté sa déclinaison et sa ruine par notre contagion, et que nous lui aurons bien cher vendu nos opinions et nos arts. C'était un monde enfant ; si ne l'avons nous pas fouetté et soumis à notre discipline et par l'avantage de notre valeur et forces naturelles, ni ne l'avons pratiqué[1] par notre justice et bonté, ni subjugué par notre magnanimité. La plupart de leurs réponses et des négociations faites avec eux témoignent qu'ils ne nous devaient rien en clarté d'esprit naturelle et en pertinence. L'épouvantable magnificence des villes de Cuzco et de Mexico, et, entre plusieurs choses pareilles, le jardin de ce Roi, où tous les arbres, les fruits et toutes les herbes, selon l'ordre et grandeur qu'ils ont en un jardin, étaient excellemment formés en or ; comme en son cabinet, tous les animaux qui naissaient en son état et en ses mers ; et la beauté de leurs ouvrages en pierreries, en plume, en coton, en la peinture, montrent qu'ils ne nous cédaient non plus en l'industrie. Mais, quant à la dévotion, observance des lois, bonté, libéralité, loyauté, franchise, il nous a bien servi de n'en avoir pas tant qu'eux ; ils se sont perdus par cet avantage, et vendus, et trahis eux mêmes. Quant à la hardiesse et courage, quant à la fermeté, constance, résolution contre les douleurs et

---

[1] Gagné

la faim et la mort, je ne craindrais pas d'opposer les exemples que je trouverais parmi eux aux plus fameux exemples anciens que nous avons aux mémoires de notre monde par deçà. Car, pour ceux qui les ont subjugués, qu'ils ôtent les ruses et batelages de quoi ils se sont servis à les piper, et le juste étonnement qu'apportait à ces nations-là de voir arriver si inopinément des gens barbus, divers en langage, religion, en forme et en contenance, d'un endroit du monde si éloigné et où ils n'avaient jamais imaginé qu'il y eut habitation quelconque, montés sur des grands monstres inconnus, contre ceux qui n'avaient non seulement jamais vu de cheval, mais bête quelconque duite à porter et soutenir homme ni autre charge ; garnis d'une peau luisante et dure et d'une arme tranchante et resplendissante, contre ceux qui, pour le miracle de la lueur d'un miroir ou d'un couteau, allaient échangeant une grande richesse en or et en perles, et qui n'avaient ni science ni matière par où tout à loisir ils sussent percer notre acier ; Ajoutez y les foudres et tonnerres de nos pièces et harquebuses, capables de troubler César même, qui l'en eut surpris autant inexpérimenté, et à cette heure, contre des peuples nus, si ce n'est où l'invention était arrivée de quelque tissu de coton, sans autres armes pour le plus que d'arcs, pierres, bâtons et boucliers de bois ; des peuples surpris, sous couleur d'amitié et de bonne foi, par la curiosité de voir des choses étrangères et inconnues : ôtez, dis-je, aux conquérants cette disparité, vous leur ôtez toute l'occasion de tant de victoires. Quand je regarde cette ardeur indomptable de quoi tant de milliers d'hommes, femmes et enfants, se présentent et rejettent à tant de fois aux dangers inévitables, pour la défense de leurs dieux et de leur liberté ; cette généreuse obstination de souffrir toutes extrémités et difficultés, et la mort, plus volontiers que de se soumettre à la domination de ceux de qui ils ont été si honteusement abusés, et aucuns choisissant plutôt de se laisser défaillir par faim et par jeûne, étant pris que d'accepter le vivre des mains de leurs ennemis, si vilement victorieuses, je prévois que, à qui les eût attaqués pair à pair, et d'armes, et d'expérience, et de nombre, il y eut fait aussi dangereux, et plus, qu'en autre guerre que nous voyons.

Que n'est tombée sous Alexandre ou sous ces anciens Grecs et Romains une si noble conquête, et une si grande mutation et altération de tant d'empires et de peuples sous des mains qui eussent doucement poli et défriché ce qu'il y avait de sauvage, et eussent conforté et promu les bonnes semences que nature y avait produit, mêlant non seulement à la culture des terres et ornement des villes les arts de deçà, en tant qu'elles y eussent été nécessaires, mais aussi mêlant les vertus Grecques et Romaines, aux originelles du pays ! Quelle réparation eût-ce été, et quel amendement à toute cette machine, que les premiers exemples et déportements nôtres qui se sont présentés par delà eussent appelé ces peuples à l'admiration et imitation de la vertu et eussent dressé entre eux et nous une fraternelle société et intelligence ! Combien il eût été aisé de faire son profit d'âmes si neuves, si affamées d'apprentissage, ayant pour la plupart de si beaux commencements naturels ! Au rebours, nous nous sommes servis de leur ignorance et inexpérience à les plier plus facilement vers la trahison, luxure, avarice et vers toute sorte d'inhumanité et de cruauté, à l'exemple et patron de nos mœurs. Qui mit jamais à tel prix le service de la mercadence[1] et de la trafique ? Tant de villes rasées, tant de nations exterminées, tant de millions de peuples passés au fil de l'épée,

---

[1] Du commerce

et la plus riche et belle partie du monde bouleversée pour la négociation des perles et du poivre : mécaniques[1] victoires. Jamais l'ambition, jamais les inimitiés publiques ne poussèrent les hommes les uns contre les autres à si horribles hostilités et calamités si misérables.

En côtoyant la mer à la quête de leurs mines, aucuns Espagnols prirent terre en une contrée fertile et plaisante, fort habitée, et firent à ce peuple leurs remontrances accoutumées : Qu'ils étaient gens paisibles, venant de lointains voyages, envoyés de la part du Roi de Castille, le plus grand Prince de la terre habitable, auquel le Pape, représentant Dieu en terre, avait donné la principauté de toutes les Indes ; que, s'ils voulaient lui être tributaires, ils seraient très bénignement traités ; leur demandaient des vivres pour leur nourriture et de l'or pour le besoin de quelque médecine, leur remontraient au demeurant la créance d'un seul Dieu et la vérité de notre religion, laquelle ils leur conseillaient d'accepter, y ajoutant quelques menaces. La réponse fut telle : Que, quand à être paisibles, ils n'en portaient pas la mine, s'ils l'étaient ; quand à leur Roi, puisqu'il demandait, il devait être indigent et nécessiteux ; et celui qui lui avait fait cette distribution, homme aimant dissension, d'aller donner à un tiers chose qui n'était pas sienne, pour le mettre en débat contre les anciens possesseurs ; quant aux vivres, qu'ils leur en fourniraient ; d'or, ils en avaient peu, et que c'était chose qu'ils mettaient en nulle estime, d'autant qu'elle était inutile au service de leur vie, là où tout leur soin regardait seulement à la passer heureusement et plaisamment ; pourtant, ce qu'ils en pourraient trouver, sauf ce qui était employé au service de leurs dieux, qu'ils le prissent hardiment ; quant à un

---

[1] Tristement prévisibles

seul Dieu, le discours leur en avait plu, mais qu'ils ne voulaient changer leur religion, s'en étant si utilement servis si longtemps, et qu'ils n'avaient accoutumé prendre conseil que de leurs amis et connaissants. Quant aux menaces, c'était signe de faute de jugement d'aller menaçant ceux desquels la nature et les moyens étaient inconnus ; ainsi qu'ils se dépêchassent promptement de vider leur terre, car ils n'étaient pas accoutumés de prendre en bonne part les honnêtetés et remontrances de gens armés et étrangers ; autrement, qu'on ferait d'eux comme de ces autres — leur montrant les têtes d'aucuns hommes justiciés[1] autour de leur ville. Voilà un exemple de la balbutie de cette enfance. Mais tant y a que ni en ce lieu-là, ni en plusieurs autres, où les Espagnols ne trouvèrent les marchandises qu'ils cherchaient, ils ne firent arrêt ni entreprise, quelque autre commodité qu'il y eut, témoin mes Cannibales.

Des deux les plus puissants monarques de ce monde-là, et, à l'aventure[2], de celui-ci, Rois de tant de Rois, les derniers qu'ils en chassèrent, celui du Pérou, ayant été pris en une bataille et mis à une rançon si excessive qu'elle surpasse toute créance, et celle-là fidèlement payée, et avoir donné par sa conversation signe d'un courage franc, libéral et constant, et d'un entendement net et bien composé, il prit envie aux vainqueurs après en avoir tiré un million trois cents vingt cinq mille cinq cents pesants d'or, outre l'argent et autres choses qui ne montèrent pas moins, si que leurs chevaux n'allaient plus ferrés que d'or massif, de voir encore, au prix de quelque déloyauté que ce fut, quel pouvait être le reste des trésors de ce Roi, et

---

[1] Condamnés
[2] Peut-être

jouir librement de ce qu'il avait réservé. On lui aposta une fausse accusation et preuve, qu'il desseignait[1] de faire soulever ses provinces pour se remettre en liberté. Sur quoi, par beau jugement de ceux mêmes qui lui avaient dressé cette trahison, on le condamna à être pendu et étranglé publiquement, lui ayant fait racheter le tourment d'être brûlé tout vif par le baptême qu'on lui donna au supplice même. Accident horrible et inouï, qu'il souffrit pourtant sans se démentir ni de contenance, ni de parole, d'une forme et gravité vraiment royale. Et puis, pour endormir les peuples étonnés et transis de chose si étrange, on contrefit un grand deuil de sa mort, et lui ordonna-t-on des somptueuses funérailles. L'autre, Roi de Mexico, ayant longtemps défendu sa ville assiégée et montré en ce siège tout ce que peut et la souffrance[2] et la persévérance, si oncques prince[3] [...] le montra, et son malheur l'ayant rendu vif entre les mains des ennemis, avec capitulation d'être traité en Roi (aussi ne leur fit-il rien voir, en la prison, indigne de ce titre) ; ne trouvant point après cette victoire tout l'or qu'ils s'étaient promis, après avoir tout remué et tout fouillé, se mirent à en chercher des nouvelles par les plus âpres gênes[4] de quoi ils se purent aviser, sur les prisonniers qu'ils tenaient. Mais, n'ayant rien profité, trouvant des courages plus forts que leurs tourments, ils en vinrent enfin à telle rage que, contre leur foi et contre tout droit des gens, ils condamnèrent le Roi même et l'un des principaux seigneurs de sa cour à la gêne en présence l'un de l'autre. Ce seigneur, se trouvant forcé de douleur, environné de brasiers ardents, tourna sur la fin piteusement sa vue vers son

---

[1] Avait dessein
[2] Capacité à souffrir
[3] Si un jour un prince
[4] Tourments

maître, comme pour lui demander merci de ce qu'il n'en pouvait plus. Le Roi, plantant fièrement et rigoureusement les yeux sur lui, pour reproche de sa lâcheté et pusillanimité, lui dit seulement ces mots, d'une voix rude et ferme : Et moi, suis-je dans un bain ? suis-je pas plus à mon aise que toi ? Celui-là, soudain après, succomba aux douleurs et mourut sur la place. Le Roi, à demi rôti, fut emporté de là, non tant par pitié (car quelle pitié toucha jamais des âmes qui, pour la douteuse information de quelque vase d'or à piller, fissent griller devant leurs yeux un homme, non qu'un[1] Roi si grand et en fortune et en mérite ?) mais ce fut que sa constance rendait de plus en plus honteuse leur cruauté. Ils le pendirent depuis, ayant courageusement entrepris de se délivrer par armes d'une si longue captivité et sujétion, où il fit sa fin digne d'un magnanime prince. À une autre fois, ils mirent brûler pour un coup, en même feu, quatre cents soixante hommes tous vifs, les quatre cents du commun peuple, les soixante des principaux seigneurs d'une province, prisonniers de guerre simplement. Nous tenons d'eux-mêmes ces narrations, car ils ne les avouent pas seulement, ils s'en vantent et les prêchent. Serait-ce pour témoignage de leur justice ? ou zèle envers la religion ? Certes, ce sont voies trop diverses et ennemies d'une si sainte fin. S'ils se fussent proposés d'étendre notre foi, ils eussent considéré que ce n'est pas en possession de terres qu'elle s'amplifie, mais en possession d'hommes, et se fussent trop contentés des meurtres que la nécessité de la guerre apporte, sans y mêler indifféremment une boucherie, comme sur des bêtes sauvages, universelle[2], autant que le fer et le feu y ont pu atteindre, n'en

---

[1] Non plus qu'un
[2] Totale

ayant conservé[1] par leur dessein qu'autant qu'ils en ont voulu faire de misérables esclaves pour l'ouvrage et service de leurs minières ; si que[2] plusieurs des chefs ont été punis à mort, sur les lieux de leur conquête, par ordonnance des Rois de Castille, justement offensés de l'horreur de leurs déportements et quasi tous désestimés et mal-voulus[3]. Dieu a méritoirement permis que ces grands pillages se soient absorbés par la mer en les transportant, ou par les guerres intestines de quoi ils se sont entremangés entre eux, et la plupart s'enterrèrent sur les lieux, sans aucun fruit de leur victoire. Quant à ce que la recette [...] répond si peu à l'espérance qu'on en donna à ses prédécesseurs, et à cette première abondance de richesse qu'on rencontra à l'abord de ces nouvelles terres (car, encore qu'on en retire beaucoup, nous voyons que ce n'est rien au prix de ce qui s'en devait attendre), c'est que l'usage de la monnaie était entièrement inconnu, et que par conséquent leur or se trouva tout assemblé, n'étant en autre service que de montre et de parade, comme un meuble réservé de père en fils par plusieurs puissants Rois, qui épuisaient toujours leurs mines pour faire ce grand monceau de vases et statues à l'ornement de leurs palais et de leurs temples, au lieu que notre or est tout en emploite[4] et en commerce. Nous le menuisons et altérons en mille formes, l'épandons et dispersons. Imaginons que nos Rois amoncelassent ainsi tout l'or qu'ils pourraient trouver en plusieurs siècles, et le gardassent immobile.

---

[1] N'ayant épargné d'hommes
[2] Si bien que
[3] Déshérités et détestés.
[4] Dépense

Ceux du Royaume de Mexico étaient aucunement[1] plus civilisés et plus artistes que n'étaient les autres nations de là. Aussi jugeaient-ils, ainsi que nous, que l'univers fut proche de sa fin, et en prirent pour signe la désolation que nous y apportâmes. Ils croyaient que l'être du monde se départ en cinq âges et en la vie de cinq soleils consécutifs, desquels les quatre avaient déjà fourni leur temps, et que celui qui leur éclairait était le cinquième. Le premier périt avec toutes les autres créatures par universelle inondation d'eaux ; le second, par la chute du ciel sur nous, qui étouffa toute chose vivante, auquel âge ils assignent les géants, et en firent voir aux Espagnols des ossements à la proportion desquels la stature des hommes revenait à vingt paumes de hauteurs ; le troisième, par feu qui embrasa et consuma tout ; le quatrième, par une émotion[2] d'air et de vent qui abattit jusques à plusieurs montagnes ; les hommes n'en moururent point, mais ils furent changés en magots[3] (quelles impressions ne souffre la lâcheté de l'humaine créance[4] !) ; après la mort de ce quatrième Soleil, le monde fut vingt-cinq ans en perpétuelles ténèbres, au quinzième desquels fut créé un homme et une femme qui refirent l'humaine race ; dix ans après, à certain[5] de leurs jours, le Soleil parut nouvellement créé ; et commence, depuis, le compte de leurs années par ce jour-là. Le troisième de sa création, moururent les Dieux anciens ; les nouveaux sont nés depuis, du jour à la journée[6]. Ce qu'ils estiment de la manière que ce dernier Soleil périra, mon auteur n'en a rien appris. Mais leur nombre de ce

---

[1] Un peu
[2] Un mouvement
[3] Singes
[4] Croyance
[5] L'un
[6] Du jour au lendemain

quatrième changement rencontre à cette grande conjonction des astres qui produisit, il y a huit cents tant d'ans, selon que les Astrologiens estiment, plusieurs grandes altérations et nouvelletés au monde.

Quant à la pompe et magnificence, par où je suis entré en ce propos, ni Grèce, ni Rome, ni Égypte ne peut, soit en utilité, ou difficulté, ou noblesse, comparer aucun de ses ouvrages au chemin qui se voit au Pérou, dressé par les Rois du pays, depuis la ville de Quito jusques à celle de Cuzco (il y a trois cents lieues), droit, uni, large de vingt-cinq pas, pavé, revêtu de côté et d'autre de belles et hautes murailles, et le long d'icelles[1], par le dedans, deux ruisseaux pérennes, bordés de beaux arbres qu'ils nomment *moly*. Où ils ont trouvé des montagnes et rochers ils les ont taillés et aplanis, et comblé les fondrières de pierre et chaux. Au chef de chaque journée, il y a de beaux palais fournis de vivres, de vêtements et d'armes, tant pour les voyageurs que pour les armées qui ont à y passer. En l'estimation de cet ouvrage, j'ay compté la difficulté, qui est particulièrement considérable en ce lieu-là. Ils ne bâtissaient point de moindres pierres que de dix pieds en carré ; ils n'avaient autre moyen de charrier qu'à force de bras, en traînant leur charge ; et pas seulement[2] l'art d'échafauder, n'y sachant autre finesse que de hausser autant de terre contre leur bâtiment, comme il s'élève, pour l'ôter après.

Retombons à nos coches. En leur place, et de toute autre voiture, ils se faisaient porter par les hommes et sur leurs épaules. Ce dernier Roi du Pérou, le jour qu'il fut pris, était ainsi porté sur des brancards d'or, et assis dans une chaise d'or,

---

[1] De celles-ci
[2] Pas même

45

au milieu de sa bataille. Autant qu'on tuait de ces porteurs pour le faire choir à bas, (car on le voulait prendre vif), autant d'autres, et à l'envie, prenaient la place des morts, de façon qu'on ne le peut onques abattre, quelque meurtre qu'on fit de ces gens-là, jusques à ce qu'un homme de cheval l'alla saisir au corps, et l'avala[1] par terre.

.

---

[1] Le tira

Made in the USA
Las Vegas, NV
28 July 2023

75347114R00026